Publications des « TEMPS NOUVEAUX » — N° 59

Pierre KROPOTKINE

LA GUERRE

Prix : 0 fr. 10

Aux Bureaux des « TEMPS NOUVEAUX », 4, rue Broca, Paris

Groupe de Propagande par la Brochure

La propagande par la Brochure est une des meilleures propagandes si on peut l
faire avec suite.

Le Révolté, La Révolte, Les Temps Nouveaux s'y sont employés de leur mieux. A
l'heure actuelle, plus de 60 brochures diverses, dont les différents tirages réunis
dépassent un million d'exemplaires, ont été lancées par eux.

Malheureusement, les fonds manquent pour pouvoir en imprimer plus souvent de
nouvelles, ou réimprimer, lorsque c'est nécessaire, celles qui sont épuisées.

Il s'agit donc de trouver **500** souscripteurs s'engageant à verser chacun **12 fr**
par an. Nous serions alors en mesure d'imprimer chaque mois — ou de réimprime
parmi celles épuisées — une nouvelle brochure de **0 fr. 10** ou deux de **0 fr. 05**.

Par contre, voici les avantages que nous offrons aux souscripteurs :

1° A chaque tirage, il leur sera expédié autant d'exemplaires que le comporten
le montant de leur souscription calculé avec une remise de 40 0/0, frais d'envo
déduits

Ce qui leur permettra de s'employer à la propagande, en faisant circuler les bro
chures parmi ceux qu'ils connaissent, soit en les distribuant eux-mêmes, soit par l
poste lorsqu'ils ne voudront pas faire savoir qu'ils s'intéressent à la propagande;

2° A chaque souscripteur qui sera libéré de sa souscription, il sera envoyé un
lithographie spécialement tirée pour les souscripteurs.

Cette lithographie qui sera demandée à l'un des artistes qui ont déjà donné au
journal, ne sera pas mise en vente et vaudra à elle seule, largement, le prix de souscription ;

3° A ceux qui souscriront **15** francs par an, il sera expédié un nombre de brochures dont le montant égalera celui de la souscription, calculé, toujours avec une
remise de 40 0/0, plus une eau-forte qui, elle aussi, sera tirée spécialement pour eux,
et non mise dans le commerce.

Ceux qui savent le prix d'une eau-forte artistique apprécieront le cadeau que nous
leur offrons ;

4° A ceux qui souscriront au-dessus de **15** francs, il sera fait cadeau de la lithographie et de l'eau-forte.

Au camarade qui nous trouvera **10** souscripteurs, il sera fait cadeau de la lithographie. — Celui qui en trouvera **20**, recevra l'eau-forte.

Les souscriptions peuvent être versées par fractions mensuelles ou trimes-
trielles, etc., au gré des souscripteurs.

A ceux qui s'engageront mensuellement et qui ne se libéreraient pas de leur
promesse, il sera, à la fin du trimestre, adressé un remboursement pour les 3 mois.

Adresser les souscriptions au camarade Ch. BENOIT,
3, rue Bérite, PARIS.

**N.-B. — En discutant avec des camarades, il est facile de leur glisser une bro-
chure, et de leur arracher deux sous. Les souscripteurs pourront ainsi récupérer le
montant de leur souscription, et augmenter leur propagande.**

Brochures à l'étude : *Le Militarisme* de D. Neuwenhuis. — *Origines et morale du
Christianisme*, de Letourneau. — *La Loi et l'Autorité*, de Kropotkine.

Publications des « TEMPS NOUVEAUX » — *N° 59*

PIERRE KROPOTKINE

LA GUERRE

Prix : 0 fr. 10

1er Tirage, 10,000 Exemplaires

PARIS
LES TEMPS NOUVEAUX
4, Rue Broca, 4

1912

Extrait de *La Science Moderne et l'Anarchie*
Pour paraître en octobre
chez Stock, 155, rue Saint-Honoré.

LA GUERRE

I

Déjà en 1882, lorsque l'Angleterre, l'Allemagne, l'Autriche et la Roumanie, profitant de l'isolement de la France, s'étaient liguées contre la Russie et qu'une guerre européenne terrible était sur le point d'éclater, nous montrions dans *Le Révolté*, quels étaient les vrais motifs des rivalités entre Etats et des guerres qui en résulteraient.

Ce sont toujours des rivalités pour des marchés et pour le droit à l'exploitation des nations arriérées en industrie, qui sont la cause des guerres modernes. On ne se bat plus en Europe pour l'honneur des rois. On lance les armées les unes contre les autres pour l'intégrité des revenus de Messieurs les Très-Puissants Rothschild ou Schneider, la Très Honorable Compagnie d'Anzin, ou la Très Sainte Banque Catholique de Rome. Les rois ne comptent plus.

En effet, toutes les guerres que l'on a eues en Europe depuis cent cinquante ans furent des guerres pour des intérêts de commerce, des droits à l'exploitation.

***

Vers la fin du dix-huitième siècle, la grande industrie et le commerce mondial, appuyé sur des colonies en Amérique (le Canada) et en Asie (dans les Indes) et une marine de guerre, commençaient à se développer en France. Alors l'Angleterre qui avait déjà écrasé ses concurrents en Espagne et en Hollande, tenant à retenir pour elle seule le monopole du commerce maritime, de la puissance sur les mers et des riches colonies dans les Indes, — afin de pouvoir s'enrichir, par l'écoulement monopolisé des produits de son industrie, — profita de la révolution en France pour commencer contre elle toute une série de guerres. Se voyant assez riche pour payer les armées de la Prusse, de l'Autriche et de la Russie, elle fit à la France une succession de guerres terribles, désastreuses pendant un quart de siècle. La France dut se saigner à blanc pour soutenir ces guerres; et ce ne fut qu'à ce prix qu'elle parvint à maintenir son droit de rester une « grande puissance ». C'est-à-dire, elle retint le droit de ne pas se soumettre à toutes les conditions que les monopolistes anglais voulaient lui imposer dans l'intérêt de leur commerce; et elle retint le droit d'avoir une marine et des ports militaires. Frustrée dans ses plans d'expansion coloniale dans l'Amérique du Nord (elle avait perdu le Canada) et dans les Indes (elle dut y abandonner ses colonies), elle obtint la permission en retour de se créer un empire colonial en Afrique (à condition de ne pas toucher à l'Egypte), et d'enrichir ses monopolistes en pillant les Arabes en Algérie.

⁂

Plus tard, dans la seconde moitié du dix-neuvième siècle, ce fut le tour de l'Allemagne. Lorsque le servage y fut aboli à la suite des soulèvements de 1848, et que l'abolition de la propriété communale força les jeunes paysans à quitter en masse les campagnes pour les villes, où ils offraient leurs « bras inoccupés » aux entrepreneurs d'industrie pour des salaires de meurt-de-faim, — la grande industrie prit son essor dans divers Etats allemands. Les industriels allemands comprirent bientôt que si l'on donnait au peuple une bonne éducation réaliste, ils pourraient rapidement rattraper les pays de grande industrie, comme la France et l'Angleterre, — à condition, bien entendu, de procurer à l'Allemagne des débouchés avantageux en dehors de ses frontières. Ils savaient ce que Proudhon avait si bien démontré : que l'industriel ne parvient à sérieusement s'enrichir que si une bonne partie de ses produits est exportée dans des pays où ils peuvent être vendus à des prix, auxquels ils ne pourraient jamais arriver dans le pays d'origine.

Alors dans toutes les couches sociales de l'Allemagne, celle des exploités, aussi bien que des exploiteurs, — ce fut un désir passionné d'unifier l'Allemagne à tout prix : d'en faire un puissant Empire qui serait capable de maintenir une immense armée, une forte marine, et conquérir des ports dans le mer du Nord, dans l'Adriatique, et — un jour — en Afrique et en Orient. Un Empire qui pourrait dicter la loi économique en Europe.

Pour cela, il fallait évidemment, briser la force de la France qui s'y opposerait sans doute et qui, alors, avait ou semblait avoir la force de l'empêcher.

De là — la guerre terrible de 1870, avec toutes ses tristes conséquences pour le progrès universel, que nous subissons jusqu'à ce jour.

***

Par cette guerre et cette victoire remportée sur la France, un Empire Allemand, ce rêve des radicaux, des socialistes et des conservateurs allemands depuis 1848, fut enfin constitué, et il fit bientôt sentir et reconnaître sa puissance politique et son droit de dicter la loi en Europe.

Bientôt l'Allemagne, entrant dans une période frappante d'activité juvénile parvint, en effet, à doubler, tripler, décupler sa productivité industrielle, et en ce moment le bourgeois allemand convoite de nouvelles sources d'enrichissement un peu partout : dans les plaines de la Pologne, dans les prairies de la Hongrie, sur les plateaux de l'Afrique et surtout autour de la ligne de Bagdad, — dans les riches vallées de l'Asie Mineure, qui offriront aux capitalistes allemands une population laborieuse à exploiter, sous un des plus beaux ciels du monde.

C'est donc des ports d'exportation et surtout des ports militaires, dans l'Adriatique méditerranéenne et dans celle de l'Océan Indien — le Golfe Persan — ainsi que sur la côté africaine à Beïra et, plus tard, dans l'Océan Pacifique, que cherchent maintenant à conquérir les brasseurs d'affaires coloniales allemands et leur fidèle serviteur — l'Empire germanique.

***

Mais partout, ces nouveaux conquérants rencontrent un rival formidable, l'Anglais, qui leur barre le chemin.

Jalouse de garder sa suprématie sur les mers, jalouse surtout de retenir ses colonies pour l'exploitation par ses monopolistes; effarouchée par les succès de la politique coloniale de l'Empire allemand et le rapide développement de sa marine de guerre, l'Angleterre redouble d'efforts pour avoir une flotte capable d'écraser à coup sûr la flotte allemande. Elle cherche aussi partout des alliés pour affaiblir la puissance militaire de l'Allemagne sur terre. Et lorsque la presse anglaise sème l'alarme et épouvante la nation en feignant de craindre une invasion allemande, elle sait très bien que le danger n'est pas là. Ce qu'il lui faut, c'est de pouvoir lancer l'armée régulière anglaise, là où l'Allemagne attaquerait quelque colonie de l'Empire britannique (l'Egypte, par exemple); après s'être mise d'accord pour cela avec la Turquie, et de retenir à la maison une forte armée « territoriale » qui puisse, au besoin, noyer dans le sang toute révolte ouvrière. C'est pour cela, surtout, que l'on enseigne l'art militaire à la jeunesse bourgeoise, groupée en escouades d'éclaireurs (*Scouts*).

La bourgeoisie anglaise veut faire aujourd'hui, avec l'Allemagne, ce qu'elle fit à deux reprises pour arrêter, pour cinquante ans ou plus, le développement de la Russie comme puissance maritime : une fois, en 1855, avec l'aide de la France et de la Turquie, et une autre fois, en 1900, en lançant le Japon contre la flotte russe et son port miiltaire dans le Pacifique.

Ce qui fait que nous vivons depuis deux années sur le qui-vive, en prévision d'une guerre colossale européenne qui peut éclater du jour au lendemain.

***

En outre, il ne faut pas oublier que la vague industrielle, en marchant de l'occident vers l'orient, a aussi envahi l'Italie, l'Autriche, la Russie. Et ces Etats viennent affirmer à leur tour leur « droit » — le droit de leurs monopolistes et de leurs privilégiés — à la curée, en Afrique et en Asie.

Le brigandage russe en Perse, le brigandage italien contre les Arabes du désert à Tripoli et le brigandage français au Maroc en sont la conséquence.

Le *consortium* de brigands, au service des monopoleurs, a « permis » à la France de s'emparer du Maroc, comme il a permis aux Anglais de saisir l'Egypte. Il a « permis » aux Italiens de s'emparer d'une partie de l'Empire ottoman, pour empêcher qu'il ne soit saisi par l'Allemagne ; et il a permis à la Russie de saisir la Perse septentrionale, afin que les Anglais puissent s'emparer d'un bon morceau sur les bords du Golfe Persan, avant que le chemin de fer allemand n'y soit arrivé !

Et pour cela les Italiens massacrent ignoblement les Arabes inoffensifs et les sicaires du Tzar pendent les patriotes persans qui voulaient régénérer leur patrie par un peu de liberté politique.

Quels gredins que les « honnêtes gens » !

II

La Haute Finance

Nous avons vu comment tous les Etats, dès que la grande industrie se développe dans la nation, sont amenés à chercher la guerre. Ils y sont poussés par leurs industriels, et même par les travailleurs, pour conquérir de nouveaux marchés — de nouvelles sources de facile enrichissement.

S'il n'y avait que cela ! Mais aujourd'hui il y a dans chaque Etat une classe — une clique plutôt, — infiniment plus puissante encore que les entrepreneurs d'industrie et qui, elle aussi pousse à la guerre. C'est la haute finance, les gros banquiers qui interviennent dans les rapports internationaux et qui fomentent les guerres.

Cela se fait aujourd'hui d'une manière très simple.

Vers la fin du moyen âge la plupart des grandes cités-républiques de l'Italie, avaient fini par s'endetter. Lorsqu'elles furent entrées dans la période de décadence, à force de vouloir conquérir de riches marchés en Orient, et que cette conquête des marchés amena des guerres sans fin entre les cités-républiques, ces cités arrivèrent à contracter des dettes immenses envers leurs propres guides, de gros marchands.

Un même phénomène se produit aujourd'hui pour les Etats, auxquels des syndicats de banquiers prêtent très volontiers, afin de prendre un jour hypothèque sur leurs revenus.

***

C'est surtout, cela se comprend, avec les petits Etats que cela se pratique. Les banquiers leur prêtent à 7, 8,

10 pour cent, sachant qu'ils ne « réaliseront » l'emprunt qu'à 80 ou 70 pour cent. Ce qui fait que, déduction faite des « commissions » des banques et des intermédiaires, — qui se montent de 10 à 20, et quelquefois même jusqu'à 30 pour cent, — l'Etat ne reçoit pas même les trois quarts des sommes qu'il inscrit à son grand-livre.

Sur ces sommes, grossies de la sorte, l'Etat endetté doit payer désormais l'intérêt et l'amortissement. Et lorsqu'il ne le fait pas au terme dû, les banquiers ne demandent pas mieux que d'ajouter les arriérés de l'intérêt et de l'amortissement au principal de l'emprunt. Plus les finances de l'Etat débiteur vont mal, plus insensées sont les dépenses de ses chefs — et plus volontiers on lui offre de nouveaux emprunts. Après quoi les banquiers s'érigent un jour en « consortium » pour mettre la main sur tels impôts, telles douanes, telles lignes de chemin de fer.

C'est ainsi que les gros financiers ont ruiné et plus tard fait annexer l'Egypte par l'Angleterre. Plus les dépenses du khédive étaient folles, plus on les encourageait. C'était l'annexion à petites doses.

C'est encore de la même façon qu'on ruina la Turquie, pour lui enlever peu à peu ses provinces. Ce fut aussi la même chose, nous dit-on, pour la Grèce, qu'un groupe de financiers poussa à la guerre contre la Turquie, pour s'emparer ensuite d'une partie des revenus de la Grèce vaincue.

Et c'est ainsi que la haute finance de l'Angleterre et des Etats-Unis exploita le Japon, avant et pendant ses deux guerres contre la Chine et la Russie.

Bref, il y a dans les Etats prêteurs toute une organisation, dans laquelle gouvernants, banquiers, promoteurs de compagnies, brasseurs d'affaires et toute la gent interlope que Zola a si bien décrite dans *L'Argent*, se prêtent la main pour exploiter des Etats entiers.

***

Là où les naïfs croient découvrir de profondes causes politiques, ou bien des haines nationales, il n'y a que les complots tramés par les flibustiers de la finance. Ceux-ci exploitent tout : rivalités politiques et économiques, inimités nationales, traditions diplomatiques et conflits religieux.

Dans toutes les guerres de ce dernier quart de siècle, on trouve la main de la haute finance. La conquête de l'Egypte, l'annexion de Tripoli, l'occupation du Maroc, le partage de la Perse, les guerres du Japon — partout on retrouve les grandes banques ; — partout la haute finance a eu la voix décisive. Et si jusqu'à ce jour la grande guerre européenne n'a pas encore éclaté, c'est que la haute finance hésite encore. Elle ne sait pas trop de quel côté penchera la balance des milliards qui seront mis en jeu : elle ne sait sur quel cheval mettre ses milliards.

Quant aux centaines de mille vies humaines que coûtera la guerre, — qu'est-ce que la finance a à y voir ! L'esprit du financier raisonne par millions, — par colonnes de chiffres qui se balancent mutuellement. Le reste n'est pas de son domaine : il ne possède même pas l'imagination nécessaire pour faire intervenir les vies humaines dans ses raisonnements.

***

Quel monde ignoble à dévoiler, si quelqu'un se donnait seulement la peine d'étudier les coulisses de la haute pègre de la finance ! On le devine, rien que par le tout petit coin de voile soulevé par « Lysis » dans ses articles de *La Revue* (parus en 1908 en volume sous ce titre : *Contre l'oligarchie financière en France*).

On voit, en effet, par ce petit travail, comment quatre ou cinq grandes banques, — le Crédit Lyonnais, la Société Générale, le Comptoir National d'Escompte et le Crédit Industriel et Commercial, — possèdent en France le monopole absolu des grandes opérations financières.

La plus grande partie — près des huit dixièmes de l'épargne française, qui se monte chaque année à peu près à deux milliards, est versée dans ces grandes banques ; et lorsque les Etats étrangers, grands et petits, les compagnies de chemins de fer, les villes, les compagnies industrielles des cinq parties du monde se présentent à Paris pour faire un emprunt, c'est à ces quatre ou cinq grandes banques qu'ils s'adressent. Ces banques ont le monopole des emprunts étrangers et disposent du mécanisme nécessaire pour les faire mousser.

Il est évident que ce n'est pas le talent des directeurs de ces banques qui créa pour elles cette situation lucrative. C'est l'Etat, — le gouvernement français d'abord, qui donna à ces banques sa garantie et constitua pour elles une situation privilégiée qui devint bientôt un monopole. Et puis ce sont les autres Etats, les Etats emprunteurs qui renforcèrent ce monopole. Ainsi le Crédit Lyonnais, qui monopolise les emprunts russes, doit cette situation privilégiée aux agents financiers et aux ministères des finances du gouvernement russe.

***

Les affaires brassées par ces quatre ou cinq Sociétés se chiffrent par des milliards. Ainsi, en deux années, 1906 et 1907, elles distribuèrent en emprunts divers sept milliards et demi, — 7.500 millions, dont 5.500 en emprunts étrangers (Lysis, p. 101). Et quand on apprend que la « commission » de ces compagnies lorsqu'elles organisent les emprunts étrangers est de 5 pour cent pour le « syndicat d'apporteurs » (ceux qui « apportent » de nouveaux emprunts), 5 pour cent pour le syndicat de garantie, et de 7 à 10 pour cent pour le syndicat ou plutôt le trust des quatre ou cinq Sociétés que nous venons de nommer, — on voit quelles sommes immenses vont à ces monopolistes.

Ainsi, un seul intermédiaire qui « apporta » l'emprunt de 1.250 millions conclu par le gouvernement russe en 1906, pour écraser la révolution, toucha de ce fait, une commission de douze millions !

On comprend ainsi quelle influence occulte les grands directeurs de ces Sociétés financières exercent sur la politique internationale. Avec leur comptabilité mystérieuse, avec les pleins pouvoirs que certains directeurs exigent et obtiennent des actionnaires — car il faut bien de la discrétion quand on paie 12 millions à M. Un Tel, 250.000 francs à tel ministre, et tant de millions, en plus des décorations, à la presse ! Il n'y a pas, dit « Lysis », un seul grand journal en France qui ne soit payé par les banques. Cela se comprend. On devine aisément ce qu'il fallut distribuer d'argent à la presse, lorsqu'on préparait dans les années 1906 et 1907 la série d'emprunts russes (d'Etat, des chemins de fer, des banques foncières). Ce qu'il y eut de plumitifs qui mangèrent gras avec ces emprunts, — on le voit par le livre de « Lysis ». Quelle aubaine, en effet ! Le gouvernement d'un grand Etat aux abois ! Une révolution à écraser ! Cela ne se rencontre pas chaque jour !

Eh bien ! tout le monde sait cela, plus ou moins. Il n'y a pas un seul homme politique qui ne connaisse les dessous de tous ces tripotages, et qui n'entende nommer à Paris les femmes et les hommes qui ont « touché » les grosses sommes après chaque emprunt, grand ou petit, russe ou brésilien.

Et chacun, s'il a seulement la moindre connaissance des affaires, sait aussi parfaitement combien toute cette organisation de la haute finance est un produit de l'Etat, — *un attribut essentiel de l'Etat.*

Et ce serait cet Etat, — l'Etat dont on se garde bien de diminuer les pouvoirs ou de réduire les attributions, — qui dans la pensée des réformateurs étatistes, devrait devenir l'instrument d'affranchissement des masses ? ! Allons donc !

Que ce soit bêtise, ou ignorance, ou fourberie de l'affirmer, — toutes les trois explications sont impardonnables.

III

La Guerre et l'Industrie

Descendons maintenant un degré plus bas, et voyons comment l'Etat a créé dans l'industrie moderne toute une classe de gens directement intéressés à faire des nations des camps militaires, prêts à se ruer les uns sur les autres.

En ce moment, il existe, en effet, des industries immenses qui occupent des millions d'hommes, et qui n'existent que pour préparer le matériel de guerre; ce qui fait que les propriétaires de ces usines et leurs bailleurs de fonds ont tout intérêt à préparer des guerres et à maintenir la crainte des guerres prêtes à éclater.

Il ne s'agit pas ici du menu fretin, — des fabricants d'armes à feu de mauvaise qualité, de sabres à bon marché, et de revolvers qui ratent tout le temps, comme on en a à Birmingham, à Liége, etc. Ceux-ci ne comptent presque plus, quoique le commerce de ces armes, fait par les exporteurs qui spéculent sur les guerres « coloniales », soit déjà d'une certaine importance. Ainsi, on sait que des marchands anglais approvisionnaient d'armes les Matabélés, alors que ceux-ci se préparaient à se soulever contre les Anglais qui leur imposaient le servage. Plus tard, ce furent des fabricants français, et même des fabricants anglais très connus, qui firent des fortunes en envoyant des armes, des canons et des munitions aux Boërs. Et en ce moment même on parle de quantités d'armes importées par les marchands anglais en Arabie, — ce qui amènera des soulèvements de tribus, le pillage de quelques marchands et — l'intervention anglaise, pour « rétablir l'ordre » et faire quelque nouvelle « annexion ».

Ces petits faits, d'ailleurs, ne comptent plus. On sait bien ce que vaut le « patriotisme » bourgeois, et l'on a vu récemment des faits bien plus graves. Ainsi, pendant la dernière guerre entre la Russie et le Japon, l'or anglais approvisionnait les Japonais, pour qu'ils détruisissent le pouvoir maritime naissant de la Russie dans l'Océan Pacifique, dont l'Angleterre prenait ombrage. Mais, d'autre part, les compagnies houillères anglaises vendaient à un très haut prix 300.000 tonnes de charbon à la Russie pour lui permettre d'envoyer en Orient la flotte de Rojdestvensky. D'une pierre on faisait deux coups : les compagnies du Pays de Galles faisaient une belle affaire, et les financiers de Lombard Street (le centre des opérations financières à Londres) plaçaient leur argent à neuf ou dix pour cent dans l'emprunt japonais et prenaient hypothèque sur une bonne partie des revenus de leurs « chers alliés ! »

Et tout cela, ce ne sont que quelques petits faits sur mille autres du même genre. On en saurait de belles sur tout ce monde de nos gouvernants, si les bourgeois ne savaient pas bien tenir leurs secrets ! — Passons donc à une autre catégorie de faits.

***

On sait que tous les grands Etats ont favorisé la création, à côté de leurs arsenaux, d'immenses usines privées qui fabriquent des canons, des blindages de cuirassés, des vaisseaux de guerre de moindres dimensions, des obus, de la poudre, etc. Des sommes immenses furent dépensées par tous les Etats pour avoir ces usines auxiliaires, où l'on trouve aujourd'hui concentrés les plus habiles ouvriers et ingénieurs.

Or, il est de toute évidence, qu'il est de l'intérêt direct des capitalistes qui ont placé leurs capitaux dans ces entreprises, de maintenir toujours des bruits de guerre, de pousser sans cesse aux armements, de semer, s'il le faut, la panique. C'est ce qu'il font en effet.

Et si les probabilités d'une guerre européenne diminuent à certains moments, si les gouvernants, — quoique intéressés eux-mêmes comme actionnaires des grandes usines de ce genre (Anzin, Krupp, Armstrong, etc.), ainsi que des grandes compagnies des chemins de fer, des mines de charbon, etc., — si les gouvernants se font quelquefois tirer l'oreille pour sonner la fanfare guerrière, n'y a-t-il pas cette prostituée — la grande presse — pour préparer les esprits à de nouvelles guerres, précipiter celles qui sont probables, ou, du moins, forcer les gouvernements à doubler, à tripler leurs armements ? Ainsi n'a-t-on pas vu en Angleterre, pendant les dix années qui précédèrent la guerre des Boërs, la grande presse, et surtout ses adjoints dans la presse illustrée, préparer savamment les esprits à la nécessité d'une guerre « pour réveiller le patriotisme » ? Dans ce but on fit flèche de tout bois. On publia à grand fracas des romans sur la prochaine guerre, où l'on racontait comment les Anglais, battus d'abord, faisaient un suprême effort et finissaient par détruire la flotte allemande et s'installer à Rotterdam. Un lord dépensa des sommes folles pour faire jouer dans toute l'Angleterre une pièce patriotique, trop stupide pour faire ses frais, mais nécessaire pour ces messieurs qui tripotaient avec Rhodes en Afrique. Oubliant tout, on alla même jusqu'à faire revivre le culte — oui, le *culte* — de l'ennemi juré de l'Angleterre, Napoléon Ier. Et depuis lors le travail dans cette direction n'a jamais cessé. En 1904, on avait même presque tout à fait réussi à lancer la France gouvernée en ce moment par Clemenceau et Delcassé, dans une guerre contre l'Allemagne — le gouvernement conservateur (lord Lansdowne) ayant fait la promesse d'appuyer les armées françaises par un corps d'armée anglais envoyé en Belgique ! Il se fallut de bien peu à ce moment pour que Delcassé, attachant à cette promesse risible une importance qu'elle n'a certainement pas, ne lançât la France dans une guerre désastreuse.

En général, plus nous avançons dans notre civilisation bourgeoise étatiste, plus la presse, cessant d'être l'expression de ce qu'on appelle l'opinion publique, s'applique à fabriquer elle-même l'opinion par les procédés les plus infâmes. La presse, dans tous les grands Etats, c'est déjà deux ou trois syndicats de brasseurs d'affaires financières qui font l'opinion qu'il leur faut dans l'intérêt de leurs entreprises. Les grands journaux leur appartiennent et le reste ne compte pas.

***

Mais ce n'est pas tout : la gangrène est encore plus profonde.

Les guerres modernes, ce n'est plus seulement le massacre de centaines de mille hommes dans chaque bataille, — un massacre dont ceux qui n'ont pas suivi les détails des grandes batailles dans la guerre de Mandchourie et les atroces détails du siège et de la défense de Port-Arthur, n'ont absolument aucune idée. Et cependant, les trois grandes batailles historiques, — Gravelotte, Potomack et Borodino (de la Moskowa), qui durèrent chacune trois jours, et dans lesquelles il y eut cent mille hommes blessés et tués des deux côtés, c'étaient des jeux d'enfants en comparaison des guerres modernes. Les grandes batailles se font aujourd'hui sur un front de cinquante, soixante kilomètres ; elles durent non plus trois jours, mais sept jours (Liao-Yang), dix jours (Moukden), et les pertes sont de cent cinquante mille hommes *de chaque côté*. Les ravages faits par les obus, lancés avec précision par des batteries placées à cinq, six, sept kilomètres, et dont on ne peut même pas découvrir la position, grâce à la poudre sans fumée, sont inouïs. Lorsque le feu de plusieurs cents bouches à feu est concentré sur un carré d'un kilomètre de côté (comme on le fait aujourd'hui), il ne reste pas un espace de dix mètres carrés qui n'ait reçu son obus, pas un buisson qui n'ait été rasé par les monstres hurlants envoyés on ne sait d'où. La folie s'empare des soldats, après sept ou huit jours de ce feu terrible, et lorsque les colonnes des assaillants arrivent jusqu'aux tranchées ennemies, alors la lutte s'engage corps à corps entre les combattants. Après s'être lancé mutuellement des grenades à la main et des morceaux de pyroxiline (deux morceaux de pyroxiline, liés entre eux par une ficelle étaient employés comme une fronde), les soldats russes et japonais se roulaient dans les tranchées de Port-Arthur comme des bêtes féroces, se frappant de la crosse du fusil, du couteau, des dents...

Les travailleurs occidentaux ne se doutent même pas de ce terrible retour à la plus affreuse sauvagerie que représente la guerre moderne, et les bourgeois qui le savent se gardent bien de le leur dire.

***

Mais les guerres modernes, ce n'est pas seulement le massacre, la folie du massacre, le retour, pendant la guerre, à la sauvagerie. C'est aussi la destruction sur une échelle colossale, du travail humain; et les effets de cette destruction, nous les ressentons parmi nous continuellement, *en temps de paix*, par un accroissement de la misère parmi les pauvres, l'enrichissement parallèle des riches.

Chaque guerre, c'est la destruction d'un formidable matériel, qui comprend non seulement le matériel de guerre proprement dit, mais aussi les choses les plus nécessaires pour la vie de tous les jours, de toute la société : le pain, les viandes, les légumes, les denrées de toute sorte, les bêtes de trait, le cuir, le charbon, les métaux, les vêtements. Tout cela représente le travail utile de millions d'hommes pendant des dizaines d'années, et tout cela sera gaspillé, brûlé, jeté à l'eau en quelques mois. Mais c'est déjà gaspillé aujourd'hui même, en prévision des guerres.

Et comme ce matériel de guerre, ces métaux, ces provisions doivent être préparés à l'avance, la simple possibilité prochaine d'une nouvelle guerre amène dans toutes nos industries des soubresauts et des crises qui nous atteignent tous. Vous, moi, chacun de nous en ressentons les effets dans les moindres détails de notre vie. Le pain que nous mangeons, le charbon que nous brûlons, le billet de chemin de fer que nous achetons, leur prix, le prix de chaque chose, dépendent des bruits, des probabilités de guerre à courte échéance, propagés par les spéculateurs.

IV

Nous avons montré comment la nécessité de préparer à l'avance un formidable matériel de guerre et des amas de provisions de toutes sortes qui allaient être détruites en quelques mois en cas de guerre, produisait dans toutes les industries des soubresauts et des crises dont chacun de nous, et surtout les salariés, se ressentaient d'une façon terrible. En effet, on a pu s'en apercevoir très bien récemment aux Etats-Unis.

On se souvient sans doute de la terrible crise industrielle qui ravagea les Etats-Unis pendant ces trois ou quatre dernières années. En partie elle dure encore. Eh bien ! l'origine de cette crise, — quoi qu'en aient dit les « savants » économistes qui connaissent les écrits de leurs prédécesseurs, mais ignorent la vie réelle, — la vraie origine de cette crise fut dans la production outrée des principales industries qui se fit pendant quelques années en prévision d'une guerre entre les grandes puissances de l'Europe, et d'une autre guerre entre les Etats-Unis et le Japon. Ceux qui poussaient à ces guerres savaient très bien l'effet que la prévision de ces conflits exercerait sur les industries américaines. Ce fut, en effet, pendant deux ou trois ans, une activité fiévreuse dans la métallurgie, les charbonnages, la fabrication du matériel des chemins de fer, des matériaux pour le vêtement, des conserves alimentaires.

L'extraction du minerai de fer et la fabrication de l'acier aux Etats-Unis attinrent, pendant ces années, des proportions tout à fait inattendues. C'est surtout de l'acier que l'on consomme pendant les guerres modernes, et les Etats-Unis en faisaient des provisions fantastiques, ainsi que des métaux, comme le nickel et la manganèse, requis pour fabriquer les sortes d'acier nécessaires pour le matériel de guerre. C'était à qui spéculerait le mieux sur les provisions de fonte, d'acier, de cuivre, de plomb et de nickel.

Il en fut de même pour les provisions de blé, les conserves de viande, de poisson, de légumes. Les cotonnades, les draps, les cuirs suivaient de près. Et, puisque chaque grande industrie fait vivre à côté d'elle une quantité de petites, la fièvre d'une production surpassant de beaucoup la demande se répandait. Les prêteurs d'argent (ou plutôt de crédit), qui alimentaient cette production, profitaient de la fièvre — cela va sans dire — plus encore que les chefs d'industrie.

Et alors, d'un coup, tout s'arrêta soudain, sans qu'on pût invoquer une seule des causes auxquelles on avait attribué les crises précédentes. Le fait est que du jour où la haute finance européenne se persuada que le Japon, ruiné par la guerre en Mandchourie, n'oserait pas attaquer les Etats-Unis, et qu'aucune des nations européennes ne se sentait assez sûre de la victoire pour dégaîner, les capitalistes européens refusèrent de nouveaux crédits aux prêteurs américains qui alimentaient la surproduction en prévision de la guerre, ainsi qu'aux « nationalistes » japonais.

« Plus de guerre à courte échéance ! » — et les usines d'acier, les mines de cuivre, les hauts fourneaux, les chantiers de navires, les tanneries, les spéculateurs sur les denrées, tous suspendirent soudain leurs opérations, leurs commandes, leurs achats.

Ce fut alors plus qu'une crise : ce fut un désastre ! Des millions d'ouvriers et d'ouvrières furent jetés sur le pavé dans la plus affreuse des misères. Grandes et petites usines se fermaient, la contagion se répandait comme pendant une épidémie, en semant l'épouvante tout autour.

Qui dira jamais les souffrances des millions d'hommes, femmes et enfants, les vies brisées, avec lesquelles furent bâties les fortunes des gredins qui avaient spéculé en prévision des monceaux de cadavres humains et des chairs déchiquetées qui allaient s'accumuler dans les grandes batailles !

Voilà ce qu'est la guerre, voilà comment l'Etat enrichit

les riches, tient les pauvres dans la misère, et les rend d'année en année plus asservis aux riches.

***

Maintenant une crise semblable à celle des Etats-Unis va se produire, selon toute probabilité, en Europe, et surtout en Angleterre, à la suite des mêmes causes.

Tout le monde fut ébahi l'été passé par l'augmentation soudaine et tout à fait imprévue des exportations anglaises. Rien dans le monde économique ne la faisait prévoir; aucune explication n'en a été donnée, — précisément parce que la seule explication possible c'est que d'immenses commandes venaient du continent en prévision d'une guerre entre l'Angleterre et l'Allemagne. Cette guerre manqua d'éclater, on le sait, en juillet passé, et si elle avait éclaté, la France et la Russie, l'Autriche et l'Italie auraient été forcées d'y prendre part.

Il est évident que les gros financiers qui alimentaient de leur crédit les spéculateurs sur les denrées, les draps, les cuirs, les métaux, etc., avaient été avertis de la tournure menaçante que prenaient les rapports entre les deux rivales. Ils savaient comment les deux gouvernements activaient leurs préparatifs militaires, et ils s'empressèrent de faire les commandes qui grossirent outre toute mesure les exportations anglaises en 1911.

Mais c'est aussi à la même cause que nous devons cette hausse extraordinaire récente des prix de toutes les denrées sans exception, alors que ni le rendement des récoltes de l'année passée, ni les quantités de toutes sortes de marchandises dans les dépôts, ne justifiaient cette hausse. Le fait est, d'ailleurs, que la hausse des prix ne se répandit pas seulement sur les denrées : *toutes* les marchandises en furent atteintes, et la demande grandissait toujours, alors que rien n'expliquait cette demande exagérée, si ce n'est les prévisions de guerre.

Et maintenant il suffira que les gros spéculateurs coloniaux de l'Angleterre et de l'Allemagne arrivent à un arrangement concernant leurs parts dans le partage de l'Afrique orientale, — qu'ils s'entendent sur « les sphères d'influence » en Asie, c'est-à-dire sur les conquêtes prochaines, pour qu'il se produise en Europe le même arrêt soudain des industries que l'on a vu aux Etats-Unis.

Au fond, cet arrêt commence déjà à se faire sentir. C'est pourquoi en Angleterre les compagnies de charbonnages et « les lords du coton » se montrent si intransigeants envers les ouvriers, et les poussent à la grève. Ils prévoient une diminution des demandes, et ils ont déjà trop de marchandises en magasin, trop de charbon entassé autour de leurs mines.

***

Lorsqu'on analyse de près ces faits de l'activité des Etats modernes, on comprend jusqu'à quel point toute la vie de nos sociétés civilisées dépend — non pas des *faits* du développement économique des nations, mais *de la façon dont divers milieux de privilégiés, plus ou moins favorisés par les Etats, réagissent sur ces faits.*

Ainsi, il est évident que l'entrée dans l'arène économique d'un aussi puissant producteur qu'est l'Allemagne moderne, avec ses écoles, son éducation technique répandue à pleines mains dans le peuple, son entrain juvénile et les capacités d'organisation de son peuple, devait changer les rapports entre nations. Un nouvel ajustement des forces devait se produire. Mais vu l'organisation spécifique des Etats modernes, l'ajustement des forces économiques est entravé par un nouveau facteur : les privilèges, les monopoles constitués et maintenus par l'Etat. Au fond, c'est toujours la haute finance qui fait la loi dans toutes les considérations politiques. Le « qu'en dira le baron de Rothschild ? » ou plutôt le « qu'en dira le Syndicat de banquiers de Paris, de Vienne, de Londres ? », est devenu l'élément dominant dans les questions politiques et les rapports entre nations. C'est l'approbation ou la désapprobation de la finance qui font et défont les ministères (en Angleterre, il y a en plus l'approbation de l'Eglise officielle et des cabaretiers à envisager, mais l'Église et les cabaretiers sont toujours d'accord avec la haute finance, qui se garde bien de toucher à leurs rentes). Et, comme un ministre est après tout un homme qui tient à son poste, à sa puissance, et aux possibilités d'enrichissement qu'ils lui offrent — il s'ensuit que les questions de rapports internationaux se réduisent aujourd'hui en dernière analyse, à savoir si les mignons monopolistes de tel Etat vont prendre telle attitude ou telle autre, vis-à-vis d'autres mignons de même calibre d'un autre Etat.

Ainsi l'état des forces mises en jeu est donné par le degré de développement technique des diverses nations, à un certain moment de l'histoire. Mais l'usage qui sera fait de ces forces, dépend entièrement de l'état d'asservissement à son gouvernement et à la forme étatiste d'organisation, auquel les populations se sont laissé réduire. Les forces qui auraient pu donner l'harmonie, le bien-être et une nouvelle efflorescence d'une civilisation libertaire, — une fois mises dans les cadres de l'Etat, c'est-à-dire d'une organisation développée spécialement pour enrichir les riches et absorber tous les progrès au profit des classes privilégiées, — ces mêmes forces deviennent un instrument d'oppression, de misère, de privilèges et de guerres sans fin pour l'enrichissement des privilégiés.

PIERRE KROPOTKINE.

Imprim. La Productrice
— Association ouvrière —
51, Rue Saint-Sauveur, 51
— Téléphone : 121-78 —

A LIRE

Notre Société est travaillée par un malaise général qui se traduit par des conflits que nos gouvernants solutionnent dans la rue par des coups de fusils; à la Chambre, par des lois, dites ouvrières.

Les travailleurs ne savent pas davantage où trouver le remède. Tantôt, ils refusent toute confiance aux députés, aux gouvernants, et, aux périodes d'élection, ils se précipitent aux urnes pour en faire sortir celui qui leur aura fait les promesses les plus mirobolantes.

Devant le renchérissement de la vie, ils n'ont d'autre solution que de faire augmenter leur salaire, ce qui entraîne une nouvelle hausse des produits. Ce petit jeu peut durer indéfiniment.

S'ils veulent sortir un jour de leur situation précaire, il faut que les ouvriers apprennent quelles sont les causes de leur misère, et en cherchent eux-mêmes les moyens. La lecture des *Temps Nouveaux* pourra les aider.

Il existe une légende que la lecture en est ardue. C'est une erreur propagée par ceux qui s'imaginent qu'un journal doit leur apporter la solution de tous les problèmes. Evidemment, la lecture d'un article sociologique n'est pas aussi distrayante ni aussi amusante qu'un roman de Paul de Kock, mais il n'y a nullement besoin d'études préparatoires pour le comprendre.

Les collaborateurs des *Temps Nouveaux* n'ont pas la prétention d'apporter une solution toute faite à tous les maux sociaux. Ils espèrent seulement amener le lecteur à réfléchir par lui-même.

EN VENTE AUX "TEMPS NOUVEAUX"

Aux Jeunes Gens, par KROPOTKINE, couverture de ROUBILLE .... » 15
L'Education libertaire, par D. NIEUWENHUIS, couverture de HERMANN-PAUL » 15
Le Machinisme, par J. GRAVE, couverture de LUCE .... » 15
Pages d'histoire socialiste, par W. TCHERKESOFF .... » 30
La Panacée-Révolution, par J. GRAVE, couverture de MABEL (*épuisé*) .... » 15
A mon Frère le Paysan, par E. RECLUS, couverture de RAIETER .... » 15
La Morale anarchiste, par KROPOTKINE, couverture de RYSSELBERGHE .... » 15
Déclarations d'Etiévant, couverture de JEHANNET .... » 15
La Colonisation, par J. GRAVE, couverture de COUTURIER .... » 15
Entre Paysans, par E MALATESTA, couverture de WILLAUME .... » 15
Patrie, Guerre et Caserne, par Ch. ALBERT, couverture d'AGARD .... » 15
L'Organisation de la Vindicte appelée Justice, par KROPOTKINE, couverture de J. HÉNAULT .... » 15
L'Anarchie et l'Eglise, par E. RECLUS et GUYOU, couverture de DAUMONT .... » 15
La Grève des Electeurs, par MIRBEAU, couverture de ROUBILLE .... » 15
Organisation, Initiative, Cohésion, par J. GRAVE, couverture de SIGNAC .... » 15
Le Tréteau électoral, piécette en vers, par LÉONARD, couv. de HEIDBRINCK. » 15
L'Election du Maire, piécette en vers, par LÉONARD, couverture de VALLOTON. » 15
La Mano-Negra, couverture de LUCE .... » 15
La Responsabilité et la Solidarité dans la Lutte ouvrière, par NETTLAU, couverture de DELANNOY .... » 15
Anarchie-Communisme, par KROPOTKINE, couverture de LOCHARD .... » 15
Si j'avais à parler aux Electeurs, par J. GRAVE, couvert. de HERMANN-PAUL » 10
La Mano-Negra et l'Opinion française, couverture de HÉNAULT .... » 10
La Mano-Negra, dessins de HERMANN-PAUL .... » 40
Entretien d'un Philosophe avec la Maréchale, par DIDEROT, couverture de GRANDJOUAN .... » 15
L'Etat, son rôle historique, par KROPOTKINE, couverture de STEINLEN .... » 25
La Femme esclave, par CHAUGHI, couverture de HERMANN-PAUL .... » 15
Vers la Russie libre, par BULLARD, couverture de GRANDJOUAN .... » 45
Le Syndicalisme dans l'Evolution sociale, par J. GRAVE, couv. de NAUDIN. » 15
Les Habitations qui tuent, par Michel PETIT, couverture de Frédéric JACQUE. » 15
Le Salariat, par P. KROPOTKINE, couverture de KUPKA .... » 15
Evolution-Révolution, par E. RECLUS, couverture de STEINLEN .... » 15
Les Incendiaires, par VERMESCH, couverture de HERMANN-PAUL .... » 15
La Vérité sur l'Affaire Ferrer, par Auguste BERTRAND, couverture de LUCE. » 10
Terre Libre, par J. GRAVE .... 3 »
Patriotisme, Colonisation, illustré .... 6 »
Les Prisons, par KROPOTKINE, couverture de DAUMONT .... » 15
L'Esprit de Révolte, couverture de DELANNOY .... » 15
L'Enfer militaire, par A. GIRARD, couverture de LUCE .... » 20
Sur l'Individualisme, par PIERROT, couverture de MAURIN .... » 15
L'Entente pour l'Action, par J. GRAVE, couverture de RAIETER .... » 15
Quelques Vérités économiques, par Louis BLANC, couverture de DISSY .... » 10
Une des Formes nouvelles de l'esprit politicien, par Jean GRAVE, couverture de LUCE .... » 10
Travail et Surmenage, par M. PIERROT .... » 15
Contre la Guerre, couverture de C. LEFÈVRE .... » 15
La Conquête des Pouvoirs Publics, par J. GRAVE, couverture de LUCE. » 10
Le Parlementarisme contre l'action ouvrière, par PIERROT et GIRARD, couverture de RODO PISSARO .... » 15
La Royauté du Peuple souverain, par PROUDHON, couverture de RAIETER .... » 10
Les Conditions du Travail dans la Société actuelle, par SIMPLICE .... » 10
L'Evangile de l'Heure, par BERTHELOT, couverture de JEHANNET .... » 15
Du Fond de l'Abime (Lettres de Roussel), dessin de B. K .... » 15
Travail de l'Enfance dans les Verreries, par DELZANT, dessin GRANDJOUAN. » 15
Les Trois Complices (prêtre, juge, soldat), par R. CHAUGHI, dessin RAIETER. » 15

www.ingramcontent.com/pod-product-compliance
Ingram Content Group UK Ltd.
Pitfield, Milton Keynes, MK11 3LW, UK
UKHW020227200726
13856UKWH00004B/1641

9 782011 941909